Udo Düphans

Worte, die zum Guten führen

Udo Düphans

Worte, die zum Guten führen

Leben mit Gott und der Liebe

R. G. Fischer Verlag

Bibliografische Information der Deutschen Nationalbibliothek

Die Deutsche Nationalbibliothek verzeichnet diese Publikation in der Deutschen Nationalbibliografie; detaillierte bibliografische Daten sind im Internet über http://dnb.d-nb.de abrufbar.

© 2020 by R. G. Fischer Verlag
Orber Str. 30, D–60386 Frankfurt/Main
Alle Rechte vorbehalten
Schriftart: Times
Herstellung: rgf/bf
ISBN 978–3–8301–1848-0

Das Gute in uns, die Liebe, wird siegen,
wenn dem Bösen wir nicht länger erliegen.
Der Weg dorthin zu Gott uns muss führen,
zum Sieger uns der Herr dann wird küren.

Inhalt

Vorwort

Dieses Buch ist eine Ergänzung zu »Worte, die zum Leben führen« und gleichzeitig der Abschluss einer Buchreihe, die in der Hauptsache Gotterkenntnis beim Leser aufbauen möchte. Umfassende Gotterkenntnis, die jedem daran Interessierten den Glauben an den einzig wahren und lebendigen Gott ermöglicht, der jede Religion oder Ideologie überflüssig macht.

Ein Leben aus diesem Glauben heraus ist ein gottgefälliges Leben (im Buch »Freude, Glück und Zufriedenheit« dargestellt).

Dieses Leben ist die Grundlage für ein Tun des Guten, in Wort und Tat. Gutes tun bedeutet eine Hinwendung zu Gott.[1] (1Joh4,8: ... denn Gott ist Liebe) Liebe (Hinwendung) zu Gott befreit uns von selbstsüchtigen Ideen, die der Liebe zum Mitmenschen, wie zur Schöpfung als Ganzes, entgegenwirken.

---

[1] siehe: »Worte, die zum Leben führen« – Lohn der Hinwendung zu Gott

Röm13,10: Wer liebt, fügt seinem Mitmenschen nichts Böses zu. …

1Joh2,15: Liebt nicht die Welt und das, was zu ihr gehört. Wer die Welt liebt, in dessen Herz gibt es keine Liebe zum Vater.

Denn wir leben in einer finsteren Welt, die vom Bösen[2] beherrscht wird. (1Tim6,10: Denn Geldgier ist die Wurzel alles Bösen. …)

Spr10,24: Einem bösen Menschen stößt zu, was er befürchtet; ein guter bekommt, was er wünscht.

1Petr3,13: Kann euch überhaupt jemand Böses antun, wenn ihr euch mit ganzer Hingabe darum bemüht, das Gute zu tun?

Weish3,15: Denn sich um das Gute zu mühen, bringt ehrenvolle Frucht und wer die rechte Einsicht hat, ist wie ein Baum, dessen Wurzeln niemals absterben.

[2] siehe: Böses – Unrecht – und seine Bestrafung

Wahrheit und Irrlehren (Götter)

Röm1,18: … Sein heiliger Zorn wird vom *Himmel* herab alle treffen, die Gott nicht ehren und seinen Willen missachten.[3] Mit ihrem verkehrten Tun verdunkeln sie die offenkundige Wahrheit Gottes.

Joh8,31–32: … »Wenn ihr bei dem bleibt, was ich euch gesagt habe, und euer Leben darauf gründet, seid ihr wirklich meine Jünger. Dann werdet ihr die Wahrheit erkennen und die Wahrheit wird euch frei machen.«

Joh18,37: »… Ich wurde geboren und bin in die Welt gekommen, um die Wahrheit offenbar zu machen und als Zeuge für sie einzutreten. Wem es um die Wahrheit geht, der hört auf mich.«

Eph4,24: Zieht den neuen Menschen an, den Gott nach seinem Bild geschaffen hat und der gerecht

---

[3] siehe: Böses – Unrecht – und seine Bestrafung

und heilig lebt aus der Wahrheit Gottes, an der nichts trügerisch ist.

Eph4,14–15: Wir sind dann nicht mehr wie unmündige Kinder, die kein festes Urteil haben und auf dem Meer der Meinungen umher getrieben werden wie ein Schiff von den Winden. Wir fallen nicht auf das falsche Spiel herein, mit dem betrügerische Menschen andere zum Irrtum verführen. Vielmehr stehen wir fest zu der Wahrheit, die Gott uns bekannt gemacht hat, und halten in Liebe zusammen. So wachsen wir in allem zu Christus empor, der unser Haupt ist.

Kol12,8: Gebt acht, dass euch niemand mit der leeren Vorspiegelung einfängt, euch die wahre Religion zu bringen. Das beruht doch alles auf Menschenlehren und hat nur mit den kosmischen Mächten zu tun, aber nicht mit Christus.

2Kor5,12: … Dann wisst ihr auch, wie ihr die zum Schweigen bringen könnt, die auf äußere Vorzüge stolz sind, aber im Innern haben sie nichts vorzuweisen.

Tit 1,11: Du musst ihnen das Wort verbieten; denn durch ihre verwerflichen Lehren bringen sie ganze Familien vom rechten Weg ab, und das nur in der schändlichen Absicht, sich zu bereichern.

2 Petr 2,13–14: ... Sie lieben es, schon am hellen Tag zu schlemmen. Als Schmutz- und Schandflecken schwelgen sie in Täuscherei, wenn sie es sich an euren Tischen wohl sein lassen. Ihre Augen halten ständig Ausschau nach einer Frau, die bereit ist, sich mit ihnen einzulassen; ständig sind sie auf der Suche nach Gelegenheiten, zu sündigen. Wohltrainiert in Besitzgier, suchen sie Menschen zu ködern, die im Glauben nicht gefestigt sind – die Strafe ist ihnen sicher.

Röm 16,17–18: Ich bitte euch sehr, meine Brüder und Schwestern: Nehmt euch in Acht vor denen, die Spaltungen hervorrufen und etwas anderes lehren, als was ihr gelernt habt. Sie wollen euch von eurem Glauben abbringen. Geht ihnen aus dem Weg! Solche Menschen dienen nicht Christus, unserem Herrn, sondern nur ihrem eigenen, aufgeblähtem Ich. Mit schönen Worten und einschmeichelnden Reden führen sie arglose Menschen in die Irre.

1Tim4,1: Der Geist Gottes sagt durch den Mund von Propheten klar und deutlich voraus, dass in den letzten Tagen dieser Welt manche den Glauben preisgeben werden. Sie werden sich Leuten anschließen, die sie mit ihren Eingebungen in die Irre führen, und werden den Lehren dämonischer Mächte folgen.

2Petr2,1–3: Aber genauso wie im Volk Israel falsche Propheten aufgetreten sind, werden auch unter euch falsche Lehrer auftreten, die gefährliche Irrlehren verkünden. Durch ihre Lebensführung werden sie den erhabenen Herrn verleugnen, der sie freigekauft hat. Damit werden sie sehr schnell ihren eigenen Untergang herbeiführen. Viele werden dem Beispiel ihres ausschweifenden Lebens folgen, und so wird ihretwegen die wahre Glaubenslehre in Verruf geraten. In ihrer Habgier werden sie euch mit erfundenen Geschichten einzufangen suchen. …

2Petr2,18–19: Sie reden hochtrabende, leere Worte und ziehen durch die Verlockungen eines aus-

14

schweifenden Lebens Menschen an sich, die eben dabei sind, dem Leben im Irrtum wirklich zu entkommen. Freiheit versprechen sie ihnen – wo sie doch selbst Sklaven der Vergänglichkeit (materiellen Lebens) sind. Denn jeder ist ein Sklave dessen, der ihn besiegt hat.

2Tim4,3–4: Denn es wird eine Zeit kommen, da werden sie die gesunde Lehre unerträglich finden und sich Lehrer nach ihrem Geschmack aussuchen, die sagen, was ihnen die Ohren kitzelt. Sie werden nicht mehr auf die Wahrheit hören, sondern sich fruchtlosen Spekulationen zuwenden.

2Petr3,17: … Seid auf der Hut und lasst euch nicht von denen in die Irre führen, die jede Ordnung verachten. Sonst verliert ihr den festen Stand und kommt zu Fall.[4]

---

[4] Röm13,2/5: Wer sich also gegen die staatliche Ordnung auflehnt, widersetzt sich der Anordnung Gottes, und wer das tut, zieht sich damit die Verurteilung im Gericht Gottes zu. Darum müsst ihr euch der Staatsgewalt unterordnen, nicht nur aus Furcht vor dem Gericht Gottes, sondern auch, weil euer Gewissen euch dazu anhält.

Die Offenbarung an Johannes, bekannt als Apokalypse, ist eine gezielte Desinformation des Obersten aller Lügner (Teufel), um die Menschen auf der Suche nach Gott völlig in Verwirrung zu stürzen, damit sie das Ziel ihrer Suche niemals finden.

Apg17,27–28: Und er hat gewollt, dass die Menschen ihn suchen, damit sie ihn vielleicht ertasten und finden könnten. Denn er ist ja jedem von uns ganz nahe. Durch ihn leben wir doch, regen wir uns, sind wir!

Die biblische Apokalypse wird von Untergangspropheten benutzt, um den Menschen Ängste einzujagen und sie somit an sich zu binden, was sie dann zu wahrer Gotterkenntnis unfähig macht.
Ohne Gotterkenntnis ist dauerhaftes, lebenslanges Glück nicht erfahrbar.

1Tim2,4: Er will, dass alle Menschen zur Erkenntnis der Wahrheit kommen und gerettet werden.

Offb22,11: Wer Unrecht tut, mag es weiterhin tun. Wer den Schmutz liebt, mag sich weiterhin beschmutzen. Wer aber recht handelt, soll auch weiterhin recht handeln. Und wer heilig ist, soll weiter nach Heiligkeit streben.

Mt4,17: Von da an verkündete Jesus seine Botschaft: »Ändert euer Leben! Gott wird jetzt seine Herrschaft aufrichten und sein Werk vollenden!«

Haben die Worte eines so genannten Sehers Johannes etwa mehr Gewicht als die Worte von Jesus, dem Sohn Gottes?
Allen Schriften von Untergangs- oder anderen Lügenpropheten ist gemeinsam, dass wenige Körner Wahrheit angeboten werden, damit der Leser oder Hörer die Brocken von Unwahrheiten und Unsinnigkeiten als solche nicht wahrnimmt und diese dann allesamt hinunterschluckt.

Mt7,15/20: »Hütet euch vor den falschen Propheten! Sie sehen zwar aus wie Schafe, die zur Herde gehören. In Wirklichkeit sind sie Wölfe, die auf Raub aus sind.
An ihren Taten also könnt ihr die falschen Propheten erkennen.«

Dtn13,2–4: Ihr müsst damit rechnen, dass in eurer Mitte falsche Propheten auftreten werden, oder Leute, die sich auf Träume berufen; die werden euch auffordern, fremde Götter zu verehren und ihnen zu dienen. Sie werden sich dadurch auszuweisen suchen, dass sie ein außerordentliches Ereignis ankündigen, das dann auch wirklich eintrifft. Hört trotzdem nicht auf sie! Der HERR, euer Gott, will euch nur auf die Probe stellen. Er möchte wissen, ob ihr ihn mit ganzem Herzen und mit allen Kräften liebt.

Jer23, 25–26/30–32: Der HERR sagt: »Ich habe das Gefasel dieser Propheten gehört. ›Ich hatte einen Traum, ich hatte einen Traum!‹, sagen sie und wollen damit das Volk glauben machen, dass sie in meinem Auftrag reden. Aber alles, was sie vorbringen, ist Lug und Trug. Wie lange soll das noch so weitergehen? Was haben diese Propheten damit im Sinn, dass sie Lügen verbreiten, ihre eigenen Hirngespinste?«

»Darum passt auf«, sagt der HERR, »jetzt gehe ich vor gegen diese Propheten, gegen diese Leute, die einander die Worte aus dem Mund stehlen und noch behaupten, sie stammten von mir! Jetzt gehe ich vor gegen die, die ihr eigenes Gerede für mein Wort ausgeben, die sich auf Träume berufen und ihre Träume weitererzählen und mit solchem Unfug mein Volk irreleiten! Von mir haben sie keinen Auftrag bekommen; ich habe sie nicht geschickt! Sie bringen diesem Volk nichts als Schaden! Das sage ich, der HERR.«

Götter geben sich im Menschen als himmlische oder irdische zu erkennen. Himmlische Götter machen sich bemerkbar im Gedanken göttlicher Natur, irdische Götter durch menschliche Gedanken. Gedanken göttlicher Natur entspringen der Weisheit[5] und dem Geist Gottes.[6]

– Gedanken sind die Sprache des Geistes –

Sir1,1: Alle Weisheit kommt vom Herrn und bei ihm hat sie ihre Wohnung für alle Zeiten.

Weish7,23: Nichts kann sie hindern. Sie erweist den Menschen Wohltaten und meint es gut mit ihnen. Sie ist fest und unerschütterlich und genügt sich selbst. Sie kann alles, sie sieht alles; sie durchdringt alle denkenden Geister so fein sie sind.

Sir37,20–21: Mancher kann geschickt mit Worten umgehen; aber er muss hungern, weil ihn niemand leiden kann. Der Herr hat ihm keine Liebenswürdig-

---

[5] siehe: »Einladung in Gottes neue Welt« – Teil 2A: Die Weisheit
[6] siehe: »Einladung in Gottes neue Welt« – Teil 2A: Geist; Gottes Geist – Heiliger Geist

keit geschenkt, weil von wirklicher Weisheit nichts bei ihm zu finden ist.

1 Kor 1,21: Denn obwohl die Weisheit Gottes sich in der ganzen Schöpfung zeigt, haben die Menschen mit ihrer Weisheit Gott nicht erkannt.

Joh 6,63: »Gottes Geist allein macht lebendig, alle menschlichen Möglichkeiten richten nichts aus. ...«

Gal 5,22–23: Der Geist Gottes dagegen lässt als Frucht eine Fülle von Gutem wachsen, nämlich: Liebe, Freude und Frieden, Geduld, Freundlichkeit und Güte, Treue, Bescheidenheit und Selbstbeherrschung. ...

Ps 16,3–4: Im Land werden viele Götter verehrt, an denen auch ich meine Freude hatte. Jetzt aber sage ich: Wer anderen (irdischen) Göttern nachläuft, muss seine volle Strafe tragen. ...

Jer 16,20: Kein Mensch kann sich seine Götter selbst machen; was dabei herauskommt, sind keine Götter.

Ps82,1–7: Gott steht auf in der Versammlung der Götter und zieht sie zur Rechenschaft: »Wie lange wollt ihr noch das Recht verdrehen und für die Schuldigen Partei ergreifen? Verteidigt die Armen und die Waisenkinder, verschafft Wehrlosen und Unterdrückten ihr Recht! Befreit die Entrechteten und Schwachen, reißt sie aus den Klauen ihrer Unterdrücker! Aber ihr seht nichts und versteht nichts! Hilflos tappt ihr in der Dunkelheit umher … Ich hatte zwar gesagt: ›Ihr seid Götter, meine Söhne seid ihr, Söhne des Höchsten!‹ Doch ihr werdet wie die Menschen sterben, wie unfähige Minister aus dem Amt gejagt!«[7]

---

[7] Bar3,12: Weil ihr die Weisheit, die Quelle wahren Lebens, verlassen habt. (Bar4,1: … Alle, die sich an sie halten, gewinnen das Leben, aber wer sich von ihr abwendet, verfällt dem Tod.)

Böses – Unrecht – und seine Bestrafung[8]
(Gottes Gericht; Gebote[9])

Ijob36,21: Gib acht, dass du dich nicht zum Bösen wendest, auch wenn du das für besser hältst als leiden.

Spr16,30: Wer mit den Augen zwinkert, führt Böses im Schilde; und wer hämisch grinst, hat es schon vollbracht.

Spr21,10: Boshafte Menschen haben nur Böses im Sinn, mit ihren Mitmenschen haben sie kein Erbarmen.

Spr10,24: Einem bösen Menschen stößt zu, was er befürchtet; ein guter bekommt, was er wünscht.

---

[8] siehe auch:»Freude, Glück und Zufriedenheit« – Missachtung Gottes und ihre Folgen

[9] siehe auch:»Freude, Glück und Zufriedenheit« – Gottgefälliges Leben

Sir17,31: … Noch leichter wird das Denken des vergänglichen Menschen durch das Böse verfinstert.

Weish17,11: Denn die Bosheit verrät sich durch Feigheit und verurteilt sich dadurch selbst. Weil sie ein schlechtes Gewissen hat, fürchtet sie immer das Schlimmste.

1Tim6,10: Denn Geldgier ist die Wurzel alles Bösen. Manche sind ihr so verfallen, dass sie vom Glauben abgeirrt sind und sich selbst viele Qualen bereiteten.

Aus dieser Wurzel sprießt die Abwendung von Gott. Jede Abwendung von Gott aber gebiert das Böse.

Jer13,23: Der HERR sagt: »Kann ein Schwarzer seine Hautfarbe wechseln oder ein Leopard sein geflecktes Fell? Genauso wenig seid ihr fähig, das Gute zu tun; Ihr habt euch viel zu sehr an das Böse gewöhnt!«

Ijob31,3: Er schickt Verderben, straft mit Missgeschick, wenn jemand böse ist und Unrecht tut.

24

2Thess2,3–4: Lasst euch durch nichts und niemand täuschen: Erst muss es dahin kommen, dass viele ihrem Glauben untreu werden. Der Feind Gottes muss auftreten, der alles Böse in sich vereint und der zum Untergang bestimmt ist. Er wird sich gegen alles auflehnen und sich über alles erheben, was als göttlich und verehrungswürdig gilt. Ja, er wird seinen Thron im Tempel Gottes[10] aufstellen und wird behaupten, er sei Gott!

2Thess2,10–12: Alle, die verloren gehen, wird er (Feind Gottes) durch seine bösen Künste täuschen. Sie erliegen ihnen, weil sie ihr Herz nicht der Wahrheit geöffnet haben, die sie retten könnte. Deshalb liefert Gott sie dem Irrtum aus, sodass sie der Lüge Glauben schenken. Alle, die der Wahrheit nicht geglaubt haben, sondern am Bösen Gefallen hatten, werden so ihre Strafe finden.

Weish3,10: Die Bösen aber, die die Frommen verachtet haben und dem Herrn den Rücken gekehrt

---

[10] siehe: Mein Leben mit Gott – Ps27,4

haben, werden die Strafe bekommen, die sie verdient haben.

Röm12,21: Lass dich nicht vom Bösen besiegen, sondern überwinde es durch das Gute.
Ein gottgefälliges Leben[11] führt zur Überwindung des Bösen.

1Petr3,13: Kann euch überhaupt jemand Böses antun, wenn ihr euch mit ganzer Hingabe darum bemüht, das Gute zu tun?

Mt9,34: Aber die Pharisäer erklärten: »Er kann nur deshalb die bösen Geister austreiben, weil der oberste aller bösen Geister ihm die Macht dazu gibt.«

Mt12,28: »Nein, ich treibe die bösen Geister mithilfe von Gottes Geist aus, und daran könnt ihr

---

[11] siehe: »Freude, Glück und Zufriedenheit«: Gottgefälliges Leben

erkennen, dass Gott schon angefangen hat, mitten unter euch seine Herrschaft[12] aufzurichten.«

Eph6,12: Denn wir kämpfen nicht gegen Menschen. Wir kämpfen gegen unsichtbare Mächte und Gewalten, gegen die bösen Geister, die diese finstere Welt beherrschen.

Ein böser Geist ruft eine Geisteshaltung hervor, die mich dazu bringt, anderen Menschen oder mir selbst, körperlichen oder seelischen Schaden zuzufügen.

Sir10,7: Überheblichkeit ist bei Gott und bei den Menschen verhasst. Unrecht tun gilt bei beiden als schlimme Verfehlung.

Sir5,4–5: Denke nicht: »Ich habe zwar Unrecht begangen, aber es ist mir nichts geschehen.« Der Herr lässt sich Zeit. Du solltest dir nicht so sicher

---

[12] siehe: »Worte, die zum Leben führen« – Gottes einzigartiges Wesen

sein, dass er dir alles vergibt und du deshalb ruhig Schuld auf Schuld häufen kannst.

Kol3,25: Denn wer Unrecht tut, wird dafür die volle Strafe erhalten. Gott ist ein unparteiischer Richter.

Weish3,19: Das Ende der Menschen, die sich dem Unrecht verschreiben, ist schrecklich.

Spr3,7–8: Halte dich nicht selbst für klug und erfahren, sondern nimm den HERRN ernst und bleib allem Unrecht fern! Das ist eine Medizin, die dich rundum gesund erhält und deinen Körper erfrischt.

1Joh5,17: Jedes Unrecht ist Sünde[13]. Aber nicht jede Sünde führt zum Tod.[14]

Ps119,2–3: Wie glücklich ist, wer Gottes Weisung ausführt und wer mit ganzem Herzen nach ihm

---

[13] 1Joh3,4: …, denn Sünde ist nichts anderes als Auflehnung gegen Gott.
[14] siehe: »Einladung in Gottes neue Welt« – Teil 2A: Tod (seelisch-geistiger)

fragt! Bei solchen Menschen findet sich kein Unrecht, weil sie in allem Gottes Willen tun.

Ps62,12–13: Gott hat gesprochen, mehr als einmal habe ich es gehört, dass bei ihm die Macht ist – ja, HERR, und auch die Treue; du belohnst oder bestrafst jeden nach seinem Tun.

Ps7,12: Gott ist ein gerechter Richter, ein Gott, der täglich die Schuldigen bestraft.

Spr17,5: …; über das Unglück anderer freut sich niemand ungestraft.

Weish12,14–15: Kein König oder irgendein Mächtiger kann sich dir entgegenstellen, wenn du jemand bestrafst. … Du findest es unter deiner Würde, jemand zu bestrafen, wenn er es nicht verdient, nur weil du die Macht dazu hast.

2Kor5,10: Denn wir alle müssen vor Christus erscheinen, wenn er Gericht hält. Dann wird jeder Mensch bekommen, was er verdient, je nachdem, ob er in seinem irdischen Leben Gutes getan hat oder Schlechtes.

Röm2,15–16: Ihr Verhalten beweist, dass ihnen die Forderungen des Gesetzes[15] ins Herz geschrieben sind, und das zeigt sich auch an der Stimme ihres Gewissens und an den Gedanken, die sich gegenseitig anklagen oder auch verteidigen. Dies alles kommt ans Licht, wenn Gott durch Jesus Christus Gericht halten und das Innerste der Menschen aufdecken wird.[16]

1Petr4,4–5: Jetzt wundern sich die anderen, dass ihr bei ihrem zügellosen Treiben nicht mehr mitmacht, und beschimpfen euch deswegen. Aber sie werden sich vor dem verantworten müssen der schon bereitsteht, um über die Lebenden und die Toten[17] das Urteil zu sprechen.

---

[15] Gal5,14: Das ganze Gesetz ist erfüllt, wenn diese eine Gebot befolgt wird: »Liebe deinen Mitmenschen wie dich selbst.«

[16] Hebr4,12: …, so dringt das Wort Gottes ins Innerste von Seele und Geist. Es deckt die geheimen Wünsche und Gedanken des Menschenherzens auf und hält über sie Gericht.

[17] siehe: »Einladung in Gottes neue Welt« – Tod (seelisch-geistiger)

Röm2,5: Aber ihr kommt nicht zur Einsicht und wollt euch nicht ändern. Damit häuft ihr ständig noch mehr Schuld auf und bereitet euch selbst das Verderben, das am Tag der Abrechnung über euch hereinbricht – an dem Tag, an dem Gott sich als Richter offenbart und gerechtes Gericht hält.

Eph5,6: Lasst euch nicht durch leeres Geschwätz verführen! Genau diese Dinge sind es, mit denen die Menschen, die Gott nicht gehorchen wollen, sich sein Strafgericht zuziehen.

Hebr10,27: Wir müssen dann ein schreckliches Gericht fürchten; denn wie ein Feuer wird Gottes Zorn[18] alle vernichten, die sich gegen ihn auflehnen.

Ps90,11: Doch wer begreift schon, wie furchtbar dein Zorn ist, und wer nimmt ihn sich zu Herzen?

Kol3,5–6: Darum tötet alles, was an euch noch irdisch ist: Unzucht, Ausschweifung, Leidenschaft,

---

[18] Ps31,24: … Doch wer sich über ihn erhebt, bekommt seinen Zorn zu spüren.

böse Lust und die Habsucht. Habsucht ist soviel wie Götzendienst. Wegen dieser Dinge kommt das Gericht Gottes.

Ps34,22: Doch wer Unrecht tut, den bringt sein Unrecht um. Wer die Vertrauten des HERRN hasst, wird seiner Strafe nicht entgehen.

Ps125,4–5: HERR, guten Menschen erweise Gutes, denen, die dir mit redlichem Herzen folgen! Doch alle, die den rechten Weg verlassen haben und ihre eigenen, krummen Wege gehen – bestrafe sie genauso wie alle anderen Unheilstifter!

2Petr2,9–10a. Der Herr weiß, wie er die, die ihn ehren, aus der Bedrängnis herausreißt. Aber alle, die Unrecht tun, lässt er warten, bis sie am Tag des Gerichts ihre Strafe bekommen. Besonders hart werden die bestraft, die ihren schmutzigen Begierden folgen und den Gedanken frech von sich weisen, dass Gott ihr Herr und Richter ist.

Sir5,14: Sieh zu, dass niemand dich einen Verleumder nennen kann; stifte mit deiner Zunge kein

Unheil! Ein Dieb erntet Schande und die Doppel-
züngigen trifft ein strenges Urteil.

Joh12,39–40: Sie konnten nicht glauben, weil Jesaja
auch das vorausgesagt hat: »Gott hat ihre Augen
geblendet und ihre Herzen verschlossen. So kommt
es, dass sie mit ihren Augen nicht sehen und mit
ihrem Verstand nichts begreifen und nicht zu mir,
dem Herrn (Jesus), kommen, damit ich sie heile.«

Ps78,32–33: Aber trotz allem sündigten sie weiter,
sie schenkten seinen Wundern kein Vertrauen. Da
nahm er ihrem Leben Sinn und Ziel und ließ sie
vergehen in Angst und Schrecken.[19]

Ps9,21: Stürze sie in Angst und Schrecken, HERR,
zeig ihnen, dass sie nur Menschen sind!

---

[19] Ps46,9: Kommt und seht, wie mächtig der HERR ist, wie er
Furcht und Schrecken auf der Erde verbreitet

Ps38,19: Ich gestehe es: Ich habe gesündigt. Ich finde keine Ruhe[20] wegen meiner Schuld.

Spr14,21: Wer seinen Mitmenschen mit Verachtung begegnet, macht sich schuldig; …

Sir3,26–27: Ein Mensch, der starrsinnig ist, nimmt ein böses Ende; und wer sich in Gefahr begibt, kommt darin um. Mit Starrsinn schaffst du dir selbst viel Ärger, und wer sich mit der Sünde einlässt, häuft Schuld auf Schuld.

Röm3,23: Alle sind schuldig geworden und haben die Herrlichkeit[21] verloren, in der Gott den Menschen ursprünglich geschaffen hatte.

Weish12,19: Durch deine Milde lehrst du dein Volk, dass der Fromme Menschenliebe üben soll, und zu-

---

[20] Hebr3,18: Wer waren denn die, denen Gott schwor: »In meine Ruhe nehme ich sie niemals auf!« Es waren die, die sich Gott widersetzt hatten!

[21] siehe: »Worte, die zum Leben führen« – Gottes einzigartiges Wesen

gleich gibst du deinen Kindern die Gewissheit, dass sie in Reue zu dir kommen dürfen, wenn sie Schuld auf sich geladen haben.

Ps19,12–13: Auch ich höre auf deine Gebote,[22] HERR, denn wer sie befolgt, wird reich belohnt. Doch wer weiß, wie oft er Schuld auf sich lädt? Strafe mich nicht, wenn ich es unwissend tat!

Weish3,13: Freuen darf sich die kinderlose Frau, die sich nicht mit Schuld befleckt und keine ehebrecherischen Beziehungen unterhalten hat. Wenn Gott Gericht hält, wird sie reich belohnt werden.

Ps119,11: Was du gesagt hast, präge ich mir ein, weil ich vor dir nicht schuldig werden will.

---

[22] Röm13,9: Ihr kennt die Gebote: »Brich nicht die Ehe, morde nicht, beraube niemand, blicke nicht begehrlich auf das, was anderen gehört.« Diese Gebote und alle anderen sind in dem **einen** Satz zusammengefasst: »Liebe deinen Mitmenschen wie dich selbst.«

Ps32,1–2: Freuen dürfen sich alle, denen Gott ihr Unrecht vergeben und ihre Verfehlungen zugedeckt hat! Freuen dürfen sich alle, denen der HERR die Schuld nicht anrechnet und deren Gewissen nicht mehr belastet ist!

Kol1,14: Durch den Sohn und in dessen Machtbereich ist uns die Erlösung zuteil geworden: Unsere Schuld ist uns vergeben.

1Thess5,3: Wenn die Menschen sagen werden: »Alles ist ruhig und sicher«, wird plötzlich Gottes vernichtendes Strafgericht über sie hereinbrechen, so wie die Wehen über eine schwangere Frau. Da gibt es kein Entrinnen.

2Sam24,14: David sagte zu Gad: »Ich stehe vor einer schrecklichen Wahl! Aber wenn es denn sein muss, dann lieber in die Hand des HERRN fallen, denn er ist voll Erbarmen. In die Hände von Menschen will ich nicht fallen!«

Dtn24,16: Die Eltern sollen nicht für die Schuld ihrer Kinder sterben und die Kinder nicht für die

Schuld ihrer Eltern. Jeder soll nur für seine eigene Schuld bestraft werden.

Ps37,38: Doch die Unheilstifter werden alle vernichtet und ihre Nachkommen werden ausgerottet.[23]

Ps75,8: Gott selbst kommt und hält Gericht: Die einen stürzt er, die anderen macht er groß.

Ps96,13: Denn der HERR kommt; er kommt und sorgt für Recht auf der Erde. Er regiert die Völker in allen Ländern als gerechter, unbestechlicher Richter.

Weish5,20–23: … Die ganze Schöpfung zieht mit ihm in den Kampf gegen die, die von ihm nichts wissen wollen. Wie Pfeile von einem gespannten Bogen, so werden aus den Wolken gut gezielte Blitze herausschießen und wie Steine aus einer Schleuder werden Hagelkörner mit voller Wucht

---

[23] Ijob12,19: Sogar den Priestern nimmt er Amt und Würden; die ältesten Geschlechter löscht er aus. (Weish4,19: …; sie geraten in äußerste Not, sie müssen Qualen erleiden, sie werden mit all ihren Angehörigen vollständig ausgelöscht.)

dahersausen. Die Wogen des Meeres werden sich gegen die Gottesfeinde auftürmen und reißende Ströme werden sie hinwegschwemmen.

Weish16,16–17: Deine Feinde, die dich nicht ernst nehmen wollten, bekamen deine gewaltigen Schläge zu spüren: Sie wurden von sintflutartigem Regen, Gewittern und Hagel heimgesucht und von Feuer verzehrt. Und das Überraschendste dabei war, dass das Feuer vom Wasser nicht gelöscht, sondern erst recht zum Aufflammen gebracht wurde. …

Weish6,10: Wer Gottes heiligen Willen achtet, den wird auch Gott achten. Wer sich sagen lässt, was Gott von ihm fordert, der braucht sein Strafgericht nicht zu fürchten.

Weish12,23: Darum hast du auch die Menschen, die im Unverstand dahinlebten und dir nicht die Ehre gaben, durch eben das gequält, was sie als ihre Götter verehrten.[24]

---

[24] Weish13,1–2: … Sie sahen die Werke, aber sie erkannten nicht den Meister, der sie schuf. Stattdessen hielten sie das Feuer,

Sir40,8–10: Alle Geschöpfe, Menschen wie Tiere, haben das gleiche Schicksal; aber die Sünder trifft es siebenfach: Tod,[25] Blutvergießen, Streit und Krieg, Katastrophen, Hungersnot, Verwüstung und Seuche. Das alles wurde für die geschaffen, denen das Gesetz[26] Gottes gleichgültig ist; …

Mt13,49–50: »So wird es auch am Ende der Welt sein. Die Engel[27] Gottes werden kommen und die Menschen, die Böses getan haben, von denen trennen, die getan haben, was Gott will. Sie werden die Ungehorsamen in den glühenden Ofen[28] werfen; dort gibt es nur noch Jammern und Zähneknirschen.«

den Wind und die flüchtige Luft, die kreisenden Sterne, das mächtige Wasser und die großen Himmelslichter für die Herren der Welt und für Götter. (Weish11,16: Sie sollten erkennen: Womit einer sich verfehlt, damit wird er auch gestraft.)

[25] siehe: »Einladung in Gottes neue Welt« – Teil 2A: Tod (seelisch-geistiger)

[26] Gal5,14: Das ganze Gesetz ist erfüllt, wenn dieses eine Gebot befolgt wird: »Liebe deinen Mitmenschen wie dich selbst.«

[27] Hebr1,14: Die Engel sind doch alle nur Geister, die Gott geschaffen hat, zum Dienst an den Seinen. Er schickt sie denen zu Hilfe, die Anteil an der endgültigen Rettung haben sollen.

[28] Spr27,20: Der Schlund der Totenwelt ist unersättlich …

2Petr3,13: Aber Gott hat uns einen neuen Himmel und eine neue Erde versprochen. Dort wird es kein Unrecht mehr geben, weil Gottes Wille regiert.[29] …

---

[29] Mt5,6: »Freuen dürfen sich alle, die danach hungern und dürsten, dass sich auf der Erde Gottes gerechter Wille durchsetzt – Gott wird ihren Hunger stillen.« (Ps91,8: Mit eigenen Augen wirst du sehen, wie Gott alle straft, die ihn missachten.)

Hos14,10: Wer klug und einsichtig ist, der achte auf das, was in diesem Buch geschrieben steht! Die Gebote des HERRN weisen den Weg zu einem erfüllten Leben. Wer sie befolgt, kommt ans Ziel; aber wer sich gegen den HERRN auflehnt, kommt zu Fall.

Koh12,13: Fassen wir alles zusammen, so kommen wir zu dem Ergebnis: Nimm Gott ernst und befolge seine Gebote! Das ist alles, worauf es für den Menschen ankommt.

Röm13,9: Ihr kennt die Gebote: »Brich nicht die Ehe, morde nicht, beraube niemand, blicke nicht begehrlich auf das, was anderen gehört.« Diese Gebote und alle anderen sind in dem einen Satz zusammengefasst: »Liebe deinen Mitmenschen wie dich selbst.«

Ex20,7: Du sollst den Namen des HERRN, deines Gottes, nicht missbrauchen; denn der HERR wird jeden bestrafen, der das tut.

Ex22,20–21: »Ihr dürft die Fremden, die bei euch leben, nicht ausbeuten oder unterdrücken. Nutzt die

Schutzlosigkeit der Witwen und Waisen nicht aus!«

Ex 23,1–3: »Bring bei einem Gerichtsverfahren keine Gerüchte vor. Lass dich von jemand, der Unrecht getan hat, nicht für eine falsche Zeugenaussage gewinnen. Schließ dich nicht der Mehrheit an, wenn sie auf der Seite des Unrechts steht. Musst du in einer Gerichtsverhandlung als Zeuge aussagen, so beuge dich nicht einer Mehrheit, die das Recht verdreht. Du darfst aber auch nicht den Armen und Schwachen widerrechtlich begünstigen.«

Dtn 8,16–18: … Durch Gefahr und Mangel wollte er euch vor Augen führen, dass ihr ganz auf ihn angewiesen seid; er wollte euch auf die Probe stellen, um euch am Ende mit Wohltaten zu überhäufen.
Vergesst das nicht und lasst euch nicht einfallen zu sagen: »Das alles haben wir uns selbst zu verdanken. Mit unserer Hände Arbeit haben wir uns diesen Wohlstand geschaffen.« Seid euch vielmehr bewusst, dass der HERR, euer Gott, euch die Kraft gab, mit der ihr dies alles erreicht habt. …

1Sam15,22–23: … Lass dir gesagt sein: Wenn du dem HERRN gehorchst, ist das besser als ein Opfer; und wenn du ihm richtig zuhörst,[30] ist das besser als das Fett von Widdern. Trotz gegen Gott ist ebenso schlimm wie Zauberei. Auflehnung gegen ihn so schlimm wie Götzendienst. …

Dtn23,23–24: Der HERR verlangt nicht, dass du ihm etwas versprichst, aber wenn du es aus freien Stücken getan hast, musst du es auch halten.

Ex23,13: Richtet euch nach allem, was ich, der HERR, euch gesagt habe! Betet nicht zu anderen Göttern, erwähnt nicht einmal ihren Namen!

Gen4,7: »Wenn du Gutes im Sinn hast, kannst du den Kopf frei erheben; aber wenn du Böses planst, lauert die Sünde vor der Tür deines Herzens und will dich verschlingen. Du musst Herr sein über sie!«

---

[30] Ps94, 10: … Der HERR gibt den Menschen Erkenntnis

Macht; Mächtige

Ps146,3–5: Verlasst euch nicht auf Leute, die Macht und Einfluss haben! Sie sind auch nur Menschen und können euch nicht helfen. Sie müssen sterben und zu Staub zerfallen und mit ihnen vergehen auch ihre Pläne. Wie glücklich aber ist jeder, der den Gott Jakobs zum Helfer hat und auf ihn seine Hoffnung setzt, auf den HERRN, seinen Gott!

Spr29,26: Viele buhlen um die Gunst eines Herrschers; dabei ist es der HERR, der ihnen Recht verschaffen kann.

Spr29,12: Wenn ein Herrscher auf Lügen hört, dann werden alle seine Untergebenen unehrlich.

Ps4,3: Ihr Reichen habt die Macht und missbraucht sie zu Lüge und Verleumdung; …

Ps58,2–3: Ihr Mächtigen, ist euer Urteil wirklich gerecht, wenn ihr Gericht über die Menschen haltet?

Oder wollt ihr das Recht zum Verstummen bringen? Mit Wissen und Willen begeht ihr Verbrechen; auf der Waage des Unrechts wägt ihr ab, was Recht sein soll im ganzen Land.

Jes 10,1–2: Weh denen, die ihre Macht missbrauchen, um Verordnungen zu erlassen, die Menschen ins Unglück stürzen! Sie bringen die Armen und Schwachen in meinem Volk um ihr Recht und plündern die Witwen und Waisen aus.

Koh 5,7: Wundere dich nicht, wenn du siehst, wie man die Armen auf dem Land unterdrückt und ihnen gerechtes Urteil verweigert. Denn ein Mächtiger deckt den anderen und beide deckt einer, der noch mächtiger ist.

Ijob 24,22–23: Die Mächtigen rafft Gottes Macht hinweg; erhebt er sich, verzweifeln sie am Leben. Gott wiegt sie anfangs nur in Sicherheit, doch achtet er genau auf ihre Taten.

Jes 9,15–16: Die Führer dieses Volkes sind Verführer und die Geführten haben jede Richtung verloren. …

Denn sie alle miteinander sind abtrünnig und böse, sie reden wie Menschen, die Gott nicht ernst nehmen.

Jes1,23: Deine Führer – Aufrührer sind sie, die mit Dieben unter einer Decke stecken, scharf auf Geschenke und Bestechungsgeld! Aber den Waisen verhelfen sie nicht zu ihrem Recht und die Klagen der Witwen hören sie gar nicht erst an.

Weish6,1–3: Hört her, ihr Könige, und kommt zur Einsicht! Nehmt Vernunft an, ihr Mächtigen auf der ganzen Erde! Ihr herrscht über Völkermassen und protzt damit. Begreift doch: Eure Macht habt ihr vom Herrn, der höchste Gott hat sie euch verliehen. Er wird eure Taten wägen und eure Absichten prüfen.

Weish6,20–21: Darum führt das Verlangen nach Weisheit den Menschen dahin, gemeinsam mit Gott zu herrschen. Wenn ihr Herrscher der Völker so begierig seid, Kronen und Zepter zu tragen, dann ehrt die Weisheit und ihr werdet in alle Ewigkeit herrschen.

Weish6,24: Es steht gut um die Welt, wenn es viele einsichtige Menschen gibt; und ein verständiger König ist ein Segen für sein Volk.

Koh4,13 Es heißt: »Ein junger Mann, der arm ist, aber gelernt hat, sein Leben richtig zu führen, ist besser als ein alter, eigensinniger König, der keinen Rat mehr annimmt.«

Ps72,1–4/13–14: Gott, gib dem König Weisheit, damit er in deinem Sinn Recht sprechen kann; … Unparteiisch soll er dein Volk regieren und den Entrechteten zu ihrem Recht verhelfen! Unter seiner gerechten Herrschaft wird das Volk dann in Frieden leben und Wohlstand haben im ganzen Land mit seinen Bergen und Hügeln! Den Benachteiligten soll er Recht verschaffen und den Bedürftigen Hilfe bringen; aber die Unterdrücker soll er zertreten!
Er kümmert sich um die Schwachen und Armen und sorgt dafür, dass sie am Leben bleiben. Er befreit sie von Gewalt und Unterdrückung, denn vor ihm hat ihr Leben einen Wert.

Spr31,1–9: Ratschläge für einen König (Lemuel), die seine Mutter ihm gab: »Du bist der Sohn, den ich so lange von Gott erbeten habe. Hör auf meinen Rat: Vergeude deine Kraft und dein Geld nicht mit Frauen; das hat schon manchen König zugrunde gerichtet. Ergib dich nicht dem Trunk! Wein und Bier sind nichts für Könige! Wenn sie sich betrinken, vergessen sie, was ihnen aufgetragen ist, und sorgen nicht mehr dafür, dass die Armen zu ihrem Recht kommen. Bier und Wein sind gut für den, der am Ende ist; der mag sich betrinken und seinen Kummer vergessen. Deine Sache aber ist es, für Recht zu sorgen. Sprich für alle, die sich selbst nicht helfen können. Sprich für die Armen und Schwachen, nimm sie in Schutz und verhilft ihnen zu ihrem Recht!«

Jes32,1–5: Bald wird ein König kommen, der gerecht regiert, und seine Minister werden dem Recht Geltung verschaffen. ... Dann werden alle Augen wieder klar sehen und alle Ohren wieder aufmerksam hören. Die Herzen der Unbesonnenen kommen zur Einsicht und die Zungen der Stotternden können flink und deutlich reden. Dann nennt man schändliche Dummköpfe nicht mehr vornehm und Schurken nicht mehr ehrlich.

Jes9,5–6: Denn ein Kind ist geboren, der künftige König ist uns geschenkt! Und das sind die Ehrennamen, die ihm gegeben werden: umsichtiger Herrscher, mächtiger Held, ewiger Vater, Friedensfürst. Seine Macht wird weit reichen und dauerhafter Frieden wird einkehren. Er wird auf dem Thron Davids regieren und seine Herrschaft wird für immer Bestand haben[31], weil er sich an die Rechtsordnungen Gottes hält. Der HERR, der Herrscher der Welt, hat es so beschlossen und wird es tun.

Joh18,36–37: Jesus sagte: »Mein Königtum stammt nicht von dieser Welt. Sonst hätten meine Leute dafür gekämpft, dass ich den Juden nicht in die Hände falle. Nein, mein Königtum ist von ganz anderer Art!«
Da fragte Pilatus ihn: »Du bist also doch ein König?«

[31] siehe »Worte, die zum Leben führen« – Jesus Christus – Sohn Gottes – Lk1,31–33

Jesus antwortete: »Ja, ich bin ein König. Ich wurde geboren und bin in die Welt gekommen, um die Wahrheit offenbar zu machen und als Zeuge für sie einzutreten. ...«

Gelöbnis des Königs:
Ps101,2–7: Ich achte darauf, untadelig zu leben. ... Mit redlichem Herzen lebe ich unter denen, die mich umgeben. Ich befasse mich nicht mit Unheilsplänen. Gottes Gebote zu übertreten ist mir verhasst; niemand soll mir das nachsagen können. Von Schlechtigkeit will ich nichts wissen; darum sollen hinterhältige Menschen mir fernbleiben. Wer seinen Nachbarn verleumdet – auch wenn es nicht öffentlich geschieht –, den bringe ich für immer zum Schweigen. Ich dulde niemand, der überheblich ist und auf andere herabsieht. Aber ich halte Ausschau nach allen im Land, die treu und zuverlässig sind; mit solchen Leuten umgebe ich mich. Wenn jemand ein vorbildliches Leben führt, dann nehme ich ihn in meinen Dienst. Für Menschen, die betrügen, ist kein Platz in meiner Nähe und solche, die lügen, müssen mir aus den Augen.

Untreue zu Gott (am Beispiel Israels)

Koh1,7–9: Alle Flüsse fließen ins Meer, aber das Meer wird nicht voll. Das Wasser kehrt zu den Quellen zurück – und wieder fließt es ins Meer.
Du bemühst dich, alles was geschieht, in Worte zu fassen, aber es gelingt dir nicht. Denn mit dem Hören und Sehen kommst du nie an ein Ende. Doch im Grunde gibt es überhaupt nichts Neues unter der Sonne. Was gewesen ist, das wird wieder sein; was getan wurde, das wird wieder getan.

Dtn32,9: Doch Israel, die Jakobskinder, erwählte er sich selbst als Eigentum und machte sie zu seinem Volk.

Ps24,4–6: Nur Menschen, die unschuldige Hände haben und ein reines Gewissen. In ihren Herzen gibt es keine Falschheit, von ihren Lippen kommt nie ein Meineid. … So sind die Menschen, die nach Gott fragen und in seine Nähe kommen dürfen. So sind die wahren Nachkommen Jakobs. (Israeliten)

Dtn 32,12: Genauso hat der HERR sein Volk beschützt; er ganz allein hat Israel geführt, kein fremder Gott stand ihm zur Seite!

Ps 106,7–8: Unsere Vorfahren haben nichts gelernt aus Gottes Wundertaten damals in Ägypten. Sie vergaßen die vielen Zeichen seiner Güte, schon am Ufer des Schilfmeers widersetzten sie sich ihm. Trotzdem rettete er sie und zeigte seine gewaltige Macht, …

Ps 106,13–14: Doch schon bald vergaßen sie seine Taten; sie warteten nicht, bis sein Plan sich erfüllte. In der Wüste forderten sie Gott heraus, weil sie ihrer Gier nicht widerstanden.

Ps 106,19–21: Am Horeb machten sie sich ein Stierbild, sie warfen sich nieder vor gegossenem Metall. Die Herrlichkeit ihres Gottes vertauschten sie mit dem Bild eines Rindviehs, das Gras frisst. Gott, ihren Retter, vergaßen sie, seine machtvollen Taten in Ägypten.

1 Kor 10,3–6: Alle aßen auch dieselbe geistliche Speise und tranken denselben geistlichen Trank. Sie tranken ja aus dem geistlichen Felsen, der mit ihnen

ging, und dieser Felsen war Christus. Trotzdem verwarf Gott die meisten von ihnen und ließ sie in der Wüste sterben.

Alle diese Ereignisse sind uns als warnendes Beispiel gegeben. Wir sollen unser Verlangen nicht auf das Böse richten, so wie sie es taten, als sie ihren Gelüsten folgten.

Ps 95,9–10: »Sie haben mich dort herausgefordert, **mich** haben sie auf die Probe gestellt und hatten doch meine Taten selber gesehen! Angewidert haben sie mich, die ganze Generation, vierzig lange Jahre! Schließlich musste ich mir sagen: ›Alles, was sie wollen, ist verkehrt; nach meinem Willen haben sie nie gefragt.‹«

Dtn 32,13–15: Dann ließ er sie ein Land erobern. Sie konnten auf den Feldern Korn anbauen, … Sie hatten Milch von Kühen und von Schafen, das Fleisch der Lämmer und der Böcke; sie aßen von dem allerbesten Weizen …
Sie lebten nun in Glück und Wohlstand, sie waren satt, sie wurden reich; … Ihr Wohlstand machte sie rebellisch, sie stießen Gott im Übermut zurück, ihn,

der sie doch geschaffen hatte; ihr Fels und Schutz galt ihnen nichts.

Dtn32,19–20: Das sah der HERR; er wurde zornig, weil seine Söhne, seine Töchter ihn verschmähten. Und er beschloss: »Ich ziehe mich zurück und überlasse sie sich selbst; dann will ich sehn, wohin das führt! Sie sind voll Widerspruch und Starrsinn und kennen weder Dankbarkeit noch Treue.«

Ps81,12–13: »Aber mein Volk hat nicht auf mich gehört, Israel wollte nichts von mir wissen. Darum überließ ich es seinem Starrsinn; es sollte seinen eigenen Wünschen folgen.«

Jos24,31: Die Israeliten blieben auch nach dem Tod Josuas dem HERRN treu, solange noch die Ältesten lebten, die alles miterlebt hatten, was der HERR für Israel getan hatte.

Ri2,18–19: … Aber sie gehorchten dem HERRN nur, solange der Richter lebte, nach seinem Tod wurden sie jedes Mal wieder rückfällig und trieben noch schlimmeren Götzendienst als ihre Vorfahren.

Sie dachten nicht daran, von ihrem Trotz und Ungehorsam zu lassen und sich zu bessern.

Ein Großteil der Israeliten ging später auf im Judentum.

Mt 21,42–43: Jesus sagte zu ihnen: »… Darum sage ich euch: Das Vorrecht, Gottes Volk unter Gottes Herrschaft zu sein, wird euch entzogen. Es wird einem Volk gegeben, das tut, was dieser Berufung entspricht.«

Tit,2,14: Er hat sein Leben für uns gegeben, um uns von aller Schuld zu befreien und sich so ein reines Volk zu schaffen, das nur ihm gehört und alles daransetzt, das Gute zu tun.

Mt 27,24–25: Als Pilatus merkte, dass seine Worte nichts ausrichteten …, nahm er Wasser und wusch sich vor allen Leuten die Hände. Dabei sagte er: »Ich habe keine Schuld am Tod dieses Mannes. Das habt ihr zu verantworten!«
Das ganze Volk schrie: »Wenn er unschuldig ist, dann komme die Strafe für seinen Tod auf uns und unsere Kinder!«

Ps124,1–3: Hätte der HERR uns nicht beigestanden – so soll das Volk Israel bekennen –, hätte der HERR uns nicht beigestanden, immer wenn Menschen uns überfielen und ihre Wut an uns auslassen wollten – wir wären schon längst von der Erde verschwunden.

Jer31,35–36: Der HERR hat die Sonne als Licht für den Tag bestimmt und den Mond und die Sterne als Lichter für die Nacht; er wühlt das Meer auf, dass seine Wellen toben – »der HERR, der Herrscher der Welt« ist sein Name. Er sagt: »So gewiss ich dafür sorge, dass diese Ordnungen niemals umgestoßen werden, so gewiss sorge ich dafür, dass Israel für alle Zukunft mein Volk bleibt und Bestand haben wird.«

Hebr8,10: Und weiter sagte der Herr: »Der neue Bund, den ich dann mit dem Volk Israel schließen will, wird völlig anders sein: Ich werde ihnen meine Gesetze nicht auf Steintafeln, sondern in Herz und Gewissen schreiben. Ich werde ihr Gott sein und sie werden mein Volk sein.«

Mein Leben mit Gott[32]
(Wirken Gottes)

Am 5,8–9: Er hat das Siebengestirn und den Orion geschaffen. Er lässt aus Dunkelheit Licht werden und aus Licht wieder Dunkelheit. Er ruft das Wasser aus dem Meer und lässt es auf die Erde herabregnen. »HERR« ist sein Name! Er vernichtet die Mächtigen und zerstört ihre Festungen.

Ps 147,8–9: Er bedeckt den Himmel mit Wolken, schafft den Regen herbei für die Erde, lässt das Gras auf den Bergen wachsen. Allen Tieren gibt er ihr Futter, auch den jungen Raben, die danach schreien.

Ps 4,4: Seht doch ein: Der HERR tut Wunder für alle, die ihm die Treue halten; er hört mich, wenn ich zu ihm rufe.

[32] siehe auch: »Freude, Glück und Zufriedenheit« – Ein (Mein) Leben mit Gott

Ps4,8–9: Doch mir hast du so viel Freude gegeben, mehr als sie hatten und haben können mit all ihrem Korn und dem vielen Wein. Mich quält keine Sorge, wenn ich mich niederlege, ganz ruhig schlafe ich ein; denn du, HERR, hältst die Gegner von mir fern und lässt mich in Sicherheit leben.

Ps12,8–9: HERR, du hältst dich an deine Zusagen, jetzt und immer: Du wirst mich vor diesen Lügnern bewahren, auch wenn sie überall frei umherlaufen und ihre Gemeinheit immer schlimmer wird.

Ps25,21: Hilf mir, rein und redlich zu leben; HERR, ich rechne mit dir.

Ps27,4: Nur eine Bitte habe ich an den HERRN, das ist mein Herzenswunsch: Mein ganzes Leben lang möchte ich in seinem Haus bleiben, um dort seine Freundlichkeit zu schauen und seinen Tempel[33] zu bewundern.

---

[33] geistiges Haus, in dem Gott durch seinen Geist wohnt. Er richtet es in dem Menschen ein, der sein Leben Gott widmet.

1Sam2,6–7: Der HERR tötet und macht lebendig, er verbannt in die Totenwelt und er ruft aus dem Tod ins Leben zurück.[34] Er macht arm und er macht reich, er bringt die einen zu Fall und andere erhöht er.

Ps30,3–4: HERR, mein Gott, ich schrie zu dir um Hilfe, und du hast mich wieder gesund gemacht. Du hast mich von den Toten zurückgeholt. Ich stand schon mit einem Fuß im Grab, doch du hast mir das Leben neu geschenkt.

Ps56,13–14: Gott, ich will dir meine Dankesschuld bezahlen, so wie ich es versprochen habe. Denn du hast mich gerettet vom drohenden Tod, meine Füße vom Abgrund zurückgehalten. Ich darf in deiner Nähe weiterleben, weil du mich das Licht noch sehen lässt.

Jer17,14: Heile du mich, HERR, dann werde ich wieder gesund! Hilf mir, dann ist mir wirklich ge-

---

[34] siehe: »Einladung in Gottes neue Welt – Teil 2A: Tod (seelisch-geistiger)

holfen! Du hast mir doch immer Grund gegeben, dich zu preisen.

Ps30,7–8: Als ich mich sicher fühlte, dachte ich: »Was kann mir schon geschehen?« Durch deine Güte, HERR, stand ich fester als die Berge. Doch dann verbargst du dich vor mir und stürztest mich in Angst und Schrecken.

Ps32,8: Der HERR hat mir geantwortet: »Ich sage dir, was du tun sollst, und zeige dir den richtigen Weg. Ich lasse dich nicht aus den Augen.«

Ps35,27: Doch alle, die meinen Freispruch wünschen, sollen vor Freude jubeln und immer wieder sagen: »Der HERR ist groß! Er sorgt dafür, dass sein Vertrauter im Glück und Frieden leben kann.«

Ps56,12: Ich vertraue ihm und habe keine Angst: Was könnten Menschen mir schon tun?[35]

---

[35] Jes54,14–15: »Mein Beistand wird dein Schutz sein. Du brauchst keine Not zu fürchten. Angst und Schrecken dürfen sich dir nicht nahen. Wenn dich jemand angreifen will, handelt

Ps62,2–3: Nur auf Gott vertraue ich und bin ruhig; von ihm allein erwarte ich Hilfe. Er ist der Fels und die Burg, wo ich in Sicherheit bin. Wie sollte ich da wanken?

Ps66,17–18: Ich schrie zu ihm um Hilfe, schon gewiss, dass ich ihn preisen würde. Hätte ich Böses im Sinn gehabt, so hätte der Herr mich nicht gehört.

Ps69,7: HERR, du Herrscher der Welt, Gott Israels, du mächtiger Gott, enttäusche nicht die, die mit dir rechnen! Wenn sie sehen, dass du mir nicht hilfst, könnten sie die Hoffnung verlieren.

Ps69,14: Doch ich bete zu dir, HERR! Hilf mir in der Stunde, die du bestimmst! Du bist doch so reich an Güte, darum erhöre mich! Du bist doch der Retter, auf den Verlass ist.

Ps71,20–21: Schlimme Zeiten hast du mich sehen lassen, doch immer wieder schenkst du mir das

er auf keinen Fall in meinem Auftrag; du wirst ihm den Untergang bereiten.«

Leben und rettest mich vor dem sicheren Grab. Immer wieder tröstest du mich und bringst mich zu größeren Ehren als zuvor.

Ps 119,71: Für mich war's gut, dass ich durchs Leiden musste, um mich auf deine Weisung zu besinnen.

Ps 73,25–26: Wer im *Himmel* könnte mir helfen, wenn nicht du? Was soll ich mir noch wünschen auf der Erde? Ich habe doch dich! Auch wenn ich Leib und Leben verliere, du, Gott, hältst mich: du bleibst mir für immer!

Ps 142,6: Zu dir, HERR, schreie ich! Ich sage: Du bist meine Zuflucht, mit dir habe ich alles, was ich im Leben brauche!

Ps 31,23: Ich dachte schon in meiner Angst, ich wäre aus deiner Nähe verbannt. Doch du hast mich gehört, als ich um Hilfe schrie.

Ps 73,28: Ich aber setze mein Vertrauen auf dich, meinen Herrn; dir nahe zu sein ist mein ganzes Glück. Ich will weitersagen, was du getan hast!

Ps77,12–13 Ich denke an deine Taten, HERR, deine Wunder von damals mache ich mir bewusst. Ich zähle mir auf, was du vollbracht hast, immer wieder denke ich darüber nach.

Ps86,4: Auf dich richte ich mein Herz und meinen Sinn; erfülle mich doch wieder mit Freude!

Ps86,17: Zeige mir, dass du es gut mit mir meinst! Alle, die mich hassen, werden sich schämen, wenn sie sehen, wie du mir hilfst und mich tröstest.

Ps94,17: HERR, wenn du mir nicht geholfen hättest, dann wäre ich längst für immer verstummt.

Ps110,4: Mit einem Schwur sagt der HERR es dir zu: »Du bist mein Priester für immer, nach der Art Melchisedeks.«[36] Er nimmt diese Zusage nicht zurück.

---

[36] Hebr7,1–2; Dieser Melchisedek nämlich war König von Salem und Priester des höchsten Gottes. ... Sein Name bedeutet »König der Gerechtigkeit«; er heißt aber auch »König von Salem« und das bedeutet »König des Friedens«.

Ps118,18: Der HERR hat mich hart angefasst, doch vor dem Tod hat er mich bewahrt.

Ps119,8: An deine Ordnungen will ich mich halten; steh du mir bei und lass mich nicht im Stich!

Ps119,22: Befreie mich von Schande und Verachtung, weil ich mich stets an deine Weisung halte.

Ps119,29: Bewahre mich vor jeder Art von Falschheit, in deiner Güte lehr mich dein Gesetz![37]

Ps119,32: Den Weg, den du mir vorschreibst, gehe ich, du hast mein Herz dazu bereit gemacht.

Ps119,56: Nach deinen Regeln jederzeit zu leben, das ist mein Auftrag und mein größtes Glück.

Ps119,63: Ich bin ein Freund für alle, die dich ehren und sich genau an deine Regeln halten.

---

[37] Gal5,14: Das ganze Gesetz ist erfüllt, wenn dieses eine Gebot befolgt wird: »Liebe deinen Mitmenschen wie dich selbst.«

Ps119,68: Stets bist du gut und tust mir so viel Gutes! HERR, hilf mir, deinen Willen zu erkennen!

Ps119,75: Ich weiß, HERR, dass du stets gerecht entscheidest; du hattest recht, als du mich leiden ließest.

Ps119,102: Ich weiche nicht von deiner Weisung ab; du selber warst mein Lehrer, niemand anders.

Ps119,143: Auch dann, wenn Angst und Sorgen nach mir greifen, als meine Freude bleibt mir dein Gebot.[38]

Ps119,175: Ich möchte leben, HERR, um dich zu preisen; dein Urteilsspruch wird mir dazu verhelfen.

Ps143,8: Frühmorgens sage mir deine Güte zu, denn ich setze mein Vertrauen auf dich.

---

[38] 1Joh3,23: Sein Gebot ist: Wir sollen uns zu seinem Sohn Jesus Christus bekennen und einander so lieben, wie er es uns befohlen hat.

Ps 109,27–28: Lass sie erkennen, dass **du** es tust, dass du, HERR, alles so gefügt hast! Sie verfluchen mich, du aber wirst mich segnen. Sie greifen mich an und werden unterliegen, ich aber werde voll Freude sein.

Jer 23,28: »Der Prophet, der einen Traum hatte, kann auch nur seinen Traum erzählen; aber der, zu dem **ich** gesprochen habe, der wird zuverlässig mein Wort ausrichten. Man wird doch noch Weizen und Spreu unterscheiden können«, sagt der HERR.

Mein Leben in eigener Sache

Jos 1,8–9: »Sprich die Weisungen aus meinem Gesetzbuch ständig vor dich hin und denke Tag und Nacht darüber nach, damit dein ganzes Tun an meinen Geboten ausgerichtet ist. Dann wirst du Erfolg haben und wirst alles, was du beginnst, glücklich vollenden.

Ich sage dir noch einmal: Sei mutig und entschlossen! Hab keine Angst und lass dich durch nichts erschrecken; denn ich, der HERR, dein Gott, bin bei dir, wohin du auch gehst!«

Ijob 27,3–4: »Solange ich noch Atem in mir habe und Gottes Hauch in meiner Nase ist, kommt niemals Unrecht über meine Lippen und keine Lüge über meine Zunge!«

Ijob 32,21–22: »Für niemand werde ich Partei ergreifen und keinem will ich Schmeichelworte sagen. Das liegt mir nicht, ich lass mich nicht darauf ein, sonst würde mich mein Schöpfer schnell bestrafen.«

Ps17,3: Du kennst meine Gedanken. Heute Nacht wirst du kommen, du wirst mein Innerstes (Seele und Geist) durchforschen und nichts finden, was du tadeln müsstest. Mein Denken ist nicht anders als mein Reden.

Ps26,3–5: Ich hatte deine Güte immer vor Augen, im Wissen um deine Treue habe ich mein Leben geführt. Ich hatte nichts zu tun mit falschen Leuten und gab mich nicht ab mit Hinterhältigen. Ich mied die Gemeinschaft der Verbrecher und blieb den Gewissenlosen fern.

Ps31,7: Ich verabscheue alle, die sich an die Götzen klammern; ich selber, HERR, verlasse mich nur auf dich!

Ps38,12: Die Freunde und Nachbarn meiden mich, sie fürchten sich vor meinem Unglück. Auch meine Nächsten sind nun fern von mir.

Jer12,6: »Denn auch deine Brüder, alle deine Verwandten haben dich fallen lassen und haben voll eingestimmt in das Geschrei gegen dich. ...«

Ps39,2: Ich hatte mir vorgenommen, auf mich aufzupassen und nichts zu sagen, wodurch ich schuldig würde, in Gegenwart von Schurken stillzuschweigen, als hätte ich einen Knebel im Mund.

Ps49,4–5: Aus meinen Worten spricht Erfahrung und tiefe Einsicht aus meinen Gedanken. Ich lausche auf Eingebungen von Gott …

Ps52,11: Gott, ich will dir immer danken für das, was du getan hast. Vor allen, die zu dir halten, will ich dich rühmen, weil du so gütig bist.

Ps62,5: Ständig schmiedet ihr Pläne, um mich von meinem Ehrenplatz zu stürzen; es macht euch Vergnügen, mich zu verleumden. Euer Mund sagt mir Segenswünsche, aber im Herzen verflucht ihr mich.

Ps119,24: An deiner Weisung habe ich meine Freude, weil ich mit ihr stets gut beraten bin.

Ps119,49: Vergiss nicht, was du mir versprochen hast; du hast mich Großes hoffen lassen, HERR!

Ps 119,79: Lass alle zu mir kommen, die dich ehren, damit sie deine Weisungen erkennen!

Jer 15,19: Da sagte der HERR zu mir: »Wenn du zu mir umkehrst, nehme ich dich wieder an und du sollst wieder mein Diener sein. Wenn du nicht mehr solchen Unsinn redest, sondern deine Worte abwägst, dann darfst du mein Mund sein. Hör nicht auf die anderen, sondern sieh zu, dass sie auf dich hören!«

Leben mit der Liebe

1Joh4,8: Wer nicht liebt, hat Gott nicht erkannt, denn Gott ist Liebe.

1Kor13,2–3: Wenn ich prophetische Eingebungen habe und alle himmlischen Geheimnisse weiß und alle Erkenntnis besitze, wenn ich einen so starken Glauben habe, dass ich Berge versetzen kann, aber ich habe keine Liebe – dann bin ich nichts. Und wenn ich all meinen Besitz verteile und den Tod in den Flammen auf mich nehme, aber ich habe keine Liebe – dann nützt es mir nichts.

1Kor13,4–7: Die Liebe ist geduldig und gütig. Die Liebe eifert nicht für den eigenen Standpunkt, sie prahlt nicht und spielt sich nicht auf. Die Liebe nimmt sich keine Freiheiten heraus, sie sucht nicht den eigenen Vorteil. Sie lässt sich nicht zum Zorn reizen und trägt das Böse nicht nach. Sie ist nicht schadenfroh, wenn anderen Unrecht geschieht, sondern freut sich mit, wenn jemand das Rechte tut. Die

Liebe gibt nie jemand auf, in jeder Lage vertraut und hofft sie für andere; alles erträgt sie mit großer Geduld.

Röm13,9: Ihr kennt die Gebote: »Brich nicht die Ehe, morde nicht, beraube niemand, blicke nicht begehrlich auf das, was anderen gehört.« Diese Gebote und alle anderen sind in dem **einen** Satz zusammengefasst: »Liebe deinen Mitmenschen wie dich selbst.«

Spr21,21: Wenn du anderen Güte und Liebe erweist, findest du Gegenliebe, Ansehen und ein erfülltes Leben.

Liebe bedeutet seelische Öffnung zum Mitmenschen. Wer dieses Gefühl scheut, geht der Liebe aus dem Weg, indem er ausschließlich die Befriedigung seiner körperlichen Bedürfnisse sucht, z.B. im Sex. Ständige körperliche Befriedigung führt aber zu einer Unterwerfung des Geistes unter den Körper. Der Geist ist es jedoch, der Gesundheit und Wohlbefinden für den ganzen Menschen möglich macht.

Joh6,63: Gottes Geist allein macht lebendig; alle menschlichen Möglichkeiten richten nichts aus. …

Sir23,16–18: Zwei Sorten von Menschen häufen Sünde auf Sünde und die dritte fordert erst recht Gottes Zorn heraus; denn die Leidenschaft solcher Menschen brennt wie ein Feuer und hört erst auf, wenn sie ausgebrannt ist:
– der Mann, der nur seinem Geschlechtstrieb folgt und nicht zur Ruhe kommt, bevor das Feuer erloschen ist;
– der Mann, den jede Frau reizt und der nicht genug bekommt, bis er tot ist;
– der Mann, der seiner eigenen Frau untreu wird.

1Kor6,18: Hütet euch vor der Unzucht! Alle anderen Sünden, die ein Mensch begehen kann, betreffen nicht seinen Körper. Wer aber Unzucht treibt, vergeht sich an seinem eigenen Leib.

Jak1,13–14: Wenn ein Mensch in Versuchung gerät, soll er nicht sagen: »Gott hat mich in Versuchung geführt.« So wie Gott nicht zum Bösen verführt werden kann, so verführt er auch niemand dazu. Es ist die eigene Begehrlichkeit, die den Menschen ködert und einfängt.

Wenn die Begierde geweckt wird, kommt Lust auf:
- Lust auf Sex;
- Lust auf Rauscherleben:
   Rausch durch Alkohol,
   Rausch durch Drogen (auch Sport),
   Rausch der Geschwindigkeit.

Freude am Leben macht jeden Rausch und jedes Suchtverhalten überflüssig.

Nur Liebe uns zurück kann geben,
jeden Tag die Freude am Leben.

2Tim3,4: ... Sie kümmern sich nicht um das, was Gott Freude macht, sondern suchen nur, was ihre eigene Lust vermehrt.

Weish4,12: Denn der Reiz, der vom Bösen ausgeht, macht blind für das Gute; der Taumel der Lust betört auch den aufrechten Sinn.

Ständige Lust auf oder nach etwas (Gier; Verlangen) bringt Leidenschaft hervor und steht damit gegensätzlich zur Liebe.

Jedes Verlangen (Gier) ist böse (böse Lust), kann aber mit der Hilfe von Gottes Geist überwunden werden.

1Tim6,10: Denn Geldgier ist die Wurzel alles Bösen. ...

Mit böser Lust fügen wir uns selbst oder anderen körperlichen oder seelischen Schaden zu (z. B. Sadismus).

Kol3,5: Darum tötet alles, was an euch noch irdisch ist: Unzucht, Ausschweifung, Leidenschaft, böse Lust und die Habsucht. Habsucht ist soviel wie Götzendienst.

Gal5,24: Menschen, die zu Jesus Christus gehören, haben ja doch ihre selbstsüchtige Natur mit allen Leidenschaften und Begierden ans Kreuz genagelt. Wer den Herrn ernst nimmt, hat seine Gedanken und Gefühle in der Gewalt.

Röm13,10: Wer liebt, fügt seinem Mitmenschen nichts Böses zu. Also wird durch die Liebe das ganze Gesetz erfüllt.

Der Liebe stets zu folgen im Leben,
sollte sein unser aller Bestreben;
nur sie kann zügeln alles Begehren.

Abkürzungen der verwendeten Bibelbücher

Gen	Genesis (1. Buch Mose)
Ex	Exodus (2. Buch Mose)
Dtn	Deuteronomium (5. Buch Mose)
Jos	Das Buch Josua
1Sam	1. Buch Samuel
2Sam	2. Buch Samuel
Ri	Das Buch der Richter
Jes	Der Prophet Jesaja
Jer	Der Prophet Jeremia
Hos	Der Prophet Hosea
Am	Der Prophet Amos
Ijob	Das Buch Ijob (Hiob)
Ps	Die Psalmen
Spr	Das Buch der Sprichwörter
Koh	Das Buch Kohelet (Prediger)
Weish	Das Buch der Weisheit
Sir	Das Buch Jesus Sirach
Bar	Das Buch Baruch
Mt	Matthäus-Evangelium
Lk	Lukas-Evangelium

Joh	Johannes-Evangelium
Apg	Apostelgeschichte
Röm	Römerbrief
1Kor	1. Korintherbrief
2Kor	2. Korintherbrief
1Tim	1. Timotheusbrief
2Tim	2. Timotheusbrief
2Thess	2. Thessalonicherbrief
1Petr	1. Petrusbrief
2Petr	2. Petrusbrief
1Joh	1. Johannesbrief
Gal	Galaterbrief
Eph	Epheserbrief
Kol	Kolosserbrief
Tit	Titusbrief
Hebr	Hebräerbrief
Jak	Jakobusbrief
Offb	Die Offenbarung an Johannes

Alle verwendeten Bibeltexte sind der »Gute Nachricht Bibel« entnommen.

Gut – Böse

Was an Gutem ist in der Welt,
und was sie zusammenhält,
was im Leben ist uns eine Stütze,
ist das, womit ich dem ander'n nütze.
Was an Bösem in der Welt ist,
ist das, was nur mir selber nützt.

Zwischen Gut und Böse zu unterscheiden,
heute man uns will verleiden;
dass das Böse soll sein gut,
vielen Verbrechern macht Mut.

Den Guten gibt es,
damit der Böse sich seiner mag erwehren;
Den Bösen gibt es,
damit der Gute sich kann bewähren.

Der Gute den Bösen lässt gewähren,
doch der Böse zieht daraus keine Lehren,

dieser stets das Gute hasst,
das Glück er deshalb verpasst.

Den Bösen zieht das Böse magisch an,
der Gute damit nichts anfangen kann.

Besser ist Nichtstun,
als nur Böses tun.

Liebe

Nichts außer Liebe es vermag,
Freude uns zu geben, Tag für Tag.
Wir sollten von ihr uns leiten lassen,
damit endlich aufhört Neid und Hassen.
Die Liebe zu Gott und allen Menschen,
oft bewirkt ein Fallen der Grenzen
zwischen Völkern und Kulturen.
Zu folgen der Liebe Spuren,
einen Menschen macht zufrieden,
Glück ist ihm beschieden.

Die Liebe ist gerecht und gütig,
verzeihen schreibt sie riesig.
Geduld ist ihre Stärke,
niemals zeigt sie Härte.
Lässt zum Zorn sich nicht reizen,
mit Selbstsucht tut völlig sie geizen.
Alles hofft für den ander'n sie,
Eigennutz will kennen sie nie.

Der Liebe Ziel ist das Glück des ander'n;
wenn mit ihr wir durch's Leben wandern,
Gott uns immer freundlich ansieht,
niemals Böses uns geschieht.

Die Saat der Liebe nur bei dem aufgeht,
der ein Leben voller Dankbarkeit lebt.

Reichtum

Gesundheit und ein langes Leben,
alle Menschen danach streben.
Doch Reichtum wird ihnen gern vorgezogen,
das ist, man muss es so sagen, verlogen.
Ist die Gesundheit erst einmal hin,
macht auch viel Hab und Gut keinen Sinn.
Der Liebe zum Geld sein Herz zu geben,
verschwinden macht die Freude am Leben.
Glück und Freude niemals erlangt,
wer um sein Hab und Gut ständig bangt.
Geiz einen Menschen verbittern lässt,
der Neid frisst bei ihm sich fest.
Liebe wird gegeben dem im Leben,
der Freude hat am Geben.
Den Reichen fast gehört die ganze Welt,
sie denken nur an sich und ihr Geld.
Ihr ganzes Leben gilt allein dem Haben,
an der Not anderer sie sich laben.
Liebe bei ihnen ist verpönt,
Alte und Arme man verhöhnt.

Wer nur strebt nach Geld und schönem Schein,
dies seinen Kindern gibt ins Herz hinein,
wird in späten Jahren ernten Liebe nicht,
sondern nur verwandtschaftliche Pflicht.

Dem Gottlosen nützt weder Geld noch Macht,
wenn Gott Gericht hält, er nur über ihn lacht.

Forschung und Wissenschaft

Forscher und Wissenschaftler uns erzählen mit Taktik,
Leben ist entstanden und funktioniert gemäß ihrer Logik.
Das Leben sie wollen erklären
mit Theorien und Lehren,
wollen sich dabei nicht eingestehen,
dass der Grund für alles Lebensgeschehen,
Gott ist und sonst niemand und nichts,
nur er schafft Etwas aus dem Nichts.
Gott ist unmöglich in ihren Kreisen,
was sie uns wollen stets beweisen.
Beachten nur der Dinge äußeren Schein,
wollen die Vernunft nicht lassen rein.
Immer neue Theorien sie erfinden,
um Gott zu machen verschwinden.
Erklären nur, was ihnen ist angenehm,
in ihre Theorien passt hinein, bequem.
Sie suchen die Formel für das Weltgeschehen,
um die sich alles muss drehen.
Eine Formel jedoch niemals beschreiben kann,
was Gottes mächtige Hand möglich machen will und kann.

Mathematisch, meinen sie, sei alles zu erfassen,
von dieser Wahnsinnsidee sollten sie lassen.
Sie macht ihr Denken unverständlich,
den Überblick sie selbst verlieren schließlich.
Denkvermögen nur sie allein besitzen,
sie in unsere Köpfe wollen ritzen.
Bieten an uns ihren Forschergeist als Gottersatz,
doch Gott müssen auch sie am Ende machen Platz.
Wissen den Menschen vor dem Tod kann bewahren,
diese Mär sie in ihren Köpfen tun verwahren.
Ständiges Sammeln von Daten und Wissen,
möchte mancher von ihnen nicht missen.
Wer im Leben nur strebt nach Wissen,
wird Freude am Leben stets vermissen.
Ihr Forschen aber letztlich vergebens ist,
bei der Frage, was Leben überhaupt ist.
Woher kommen denn die geistigen Fähigkeiten,
von denen ein kluger Mensch sich lässt leiten.
Weisheit und Intelligenz eines Schöpfers
jede Lebensform lässt erkennen,
wer dies leugnet, muss in sein Unglück rennen.
Pläne, dem Größenwahn entsprungen,
sind für sie ein Jungbrunnen.
Neues Leben in ihnen erwacht,

wenn die Technik es möglich macht;
dass selbst ausgefallenste Ideen
sind realisierbares Geschehen.
Ständig neue Maschinen man erfindet,
mit Machbarkeit wird alles begründet.
Immer schneller, höher, weiter soll es geh'n,
der Sinn der Dinge muss dabei verloren geh'n.
Doch Sinnlosigkeit Freude macht unmöglich,
alles Schaffen ohne Sinn muss versagen kläglich.
Computerwahn und Funkhysterie,
machen Menschen glücklich nie.
Glück in der Liebe und bei Gott zu finden ist,
wer sich danach richtet, immer zufrieden ist.

Krankheit und Gesundheit (Natur)

Viele Krankheiten sind nur der Ärzte Kind,

wollen uns davon befreien geschwind.

In Eile erstellt eine Diagnose,

geht fast immer in die Hose.

Viel Zeit der Arzt sich sollte lassen,

um den Patienten ganz zu erfassen.

Seine Sorgen, seine Nöte sind oft der Grund,

dass Beschwerden dieser dem Arzt tut kund.

Hilfreiche Worte vieles können therapieren,

doch Ärzte keinen Gedanken daran verlieren.

Heilung versprechen sie groß und gerne,

doch rückt diese oft in weite Ferne,

wenn Pillen, die sie uns verschreiben,

viele Nebenwirkungen zeigen.

Die Krankheit, von der wir uns ließen befrei'n,

wird dann ersetzt durch ein anderes Zipperlein.

Die Ursache mancher Krankheit ist herzuleiten

aus seelisch-geistigen Unzulänglichkeiten.

Diese sollten wir selbst in uns erkennen,

statt den Ärzten die Praxen einzurennen.

Als seelisch-geistige Störung definieren Ärzte schlicht,
was ihren Vorstellungen vom menschlichen Verhalten
nicht entspricht.
Krankhaft sie die Seele eines anderen nennen,
ohne dabei eine eigene zu kennen.
Die Seele eines Menschen ist sein Lebenslicht,
drum sollte es stets sein unsere Pflicht,
zu ertragen auch des anderen Licht.
Verständnis müssen wir zeigen,
wenn eine Seele seltsam uns will erscheinen.
So manches Leid gar nicht erst kann entstehen,
wenn mit Gott und der Liebe wir durchs Leben gehen.
Auch Seelenleid dann wir können verhindern,
sodass Angst und Sorgen uns nicht mehr behindern.
Statt nur der heutigen Medizin unser Leben anzuvertrauen,
sollten wir in der Natur nach Heilung uns umschauen.
Körper, Seele und Geist sie kann therapieren,
wenn wir uns mit ihr würden arrangieren.
Der Mensch jedoch will nicht mehr der Natur anhangen,
mit der Gott uns alles gibt, Gesundheit zu erlangen.
Alles der Mensch will künstlich selbst erschaffen,
um immer mehr Geld und Gut zu raffen.
Liebstöckel und Baldrian,
Engelswurz oder Thymian,

vieler Pflanzen Wurzel, Blätter oder Samen,
wer kennt schon von allen den Namen.
Gott sie aus der Erde hat hervorgebracht,
ihre Anwendung fast jedem Leid ein Ende macht.
Dauerhafte Heilung mit Chemie
gelingt am Ende nie.
Gesundheit und Zufriedenheit
ist dem beschieden auf Lebenszeit,
der Bescheidenheit
und Gottgefälligkeit
sich zu eigen macht allzeit.

Dem Menschen ist das Denken gegeben,
womit er sollte streben
nach einem gottgefälligen Leben.
Wer ein solches will führen,
dem öffnen meine Bücher dafür alle Türen.
Ein Leben voller Frieden, Liebe und Gnade
wünsche ich dem Leser meiner Bücher alle Tage.

Von Udo Düphans ebenfalls lieferbar:

Gottes letztes Gericht
Gründe, Verlauf, Ende und
Wiederherstellung (Erneuerung)
2020. 40 Seiten. Hardcover € 12,90
ISBN 978-3-8301-1845-9

Worte, die zum Leben führen
Leben mit dem Glauben
2020. 114 Seiten. Hardcover € 16,90
ISBN 978-3-8301-1847-3

www.rgfischer-verlag.de